Todos los libros de Linkgua Ediciones cuentan con modelos de Inteligencia Artificial entrenados por hispanistas. Pregúntale al chat de tu libro lo que desees acerca de la obra o su autor/a.

Para ebooks: Accede a nuestro modelo de IA a través de este enlace.

Para libros impresos: Escanea el código QR de la portada con tu dispositivo móvil.

Obtén análisis detallados de nuestros libros, resúmenes, respuestas a tus preguntas y accede a nuestras ediciones críticas generativas para una experiencia de lectura más enriquecedora.
La transparencia y el respeto hacia la autoría de las fuentes utilizadas son distintivos básicos de nuestro proyecto. Por ello, las respuestas ofrecen, mediante un sistema de citas, las fuentes con las que han sido elaboradas.

Juan Latino

Poemas

Fragmentos de la Austriada

Barcelona 2024
Linkgua-ediciones.com

Créditos

Título original: Poemas de Juan Latino.

© 2024, Red ediciones S.L.

Diseño de cubierta: Michel Mallard.

ISBN rústica ilustrada: 978-84-9816-289-9.
ISBN ebook: 978-84-9897-919-0.

Sumario

Brevísima presentación

La vida

Juan Latino (¿Baena? 1518-Granada ¿1596?). España.

Era esclavo, hijo de esclavos etíopes al servicio del segundo duque de Sessa, y algunos afirman que nació en África. Fue un autor reconocido en su época, las autoridades granadinas, y grandes personalidades que por allí pasaban se preciaban de su amistad y sus consejos.

Según algunas hipótesis Juan Latino era un cristiano etíope, traído de África cuando era niño, esclavo de Gonzalo Fernández de Córdoba, duque de Sessa, nieto de Gonzalo, el gran capitán de las Españas.

Educado en las artes liberales y, finalmente, liberado, recibió la Cátedra de Gramática y de Lengua Latina de la Santa Iglesia de Granada, que rigió durante veinte años.

Su enemigo más acérrimo, León Roque de Santiago, afirmaba que Juan Latino nació en Baena de una esclava negra y del duque de Sessa, Luis Fernández de Córdoba, padre de su amigo y protector Gonzalo Fernández de Córdoba, tercero del mismo título. Esta afirmación, muy extendida por Granada, pretendía desprestigiar al duque y a su familia.

Juan Latino tocaba el monocordio, la vihuela, el órgano, el laúd y el arpa, además de ser un excelente cantante. Frecuentaba la casa del administrador del duque, cuya hija, famosa por su belleza y prometida de Fernando de Valor, conocido después como Abén Humeya y líder de la rebelión de las Alpujarras, era alumna suya. De aquellos encuentros nació una relación amorosa que los llevó al matrimonio. Tuvieron descendencia y, pese a los prejuicios iniciales de algunos, vivieron en medio del prestigio y la prosperidad.

Se ignora la fecha exacta de la muerte de Juan Latino.

N° 1: Epigrama al papa Pío V:

Eclesae ductor natus tibi, sancte per orbem
Atque tuis victor nunc pater auspiciis:
Fernandusque nepos Fernandi, et Marte Phi-
liphi
Eriget Hispanos Catholicosque Suos:
Pontificesque tuos Romana in sede locatus
Orari cernes gentibus ipse piis
Clavigero coeli vivet tibi sacra potestas,
Servatura fidem principes arma diu.
Ut christus patrem coeli, terraeque patentem
Oravit, Petri staret ubique fides:
Catholici reges sic vivent: tempore in omni
Parebunt sciris regia cuncta tuis.

Nº 2: A la ciudad de Granada en alabanza de Sevilla:

Hispalis antiqua urbs penitus celeberrima
Boetis
Cónventus magnus, qui beat Hesperiam.
Accipit exilla leges, et iuxta sacrata
Tingitana vetus, gratificata simul.
Urbibus excellis, opibus; tunc fida relucet
Nobilitate vigens, fertilitate flaens.
Illius imperio subdis Granata superba
Ex iugo Mauri vi liberata sua.

Es Sevilla ciudad la más famosa, La antigua Audiencia de
la Andalucía, De quien Tingitana cuidadosa Leyes sacras y
rectas recibía. Es en nobleza y lealtad dichosa, En riqueza y
grandeza magna y fría; A cuyo esfuerzo debes tú, Granada,
El ser de la morisma rescatada.

Audere est opus in Turcas, fert caetera
Christus:
(Diximus et repetens iterum per cuncta mo-
nebo:)
Spiritus arma habit Sanctus, mortalia uincet,
principium pugnae cum Christo in proelia
curro,
per Christum nostris ueniet uictoria laeta.
Quare agite, et primi Martem committite
mecum,
uincimus, En Christus pro nobis astat in
armis.
Catholicus Christi repetebat nomen amicis
Austriades, nostros uictores saepe uocabat,
magnanimus Turcas perituros nomine tanto
dictabat prudens ductor, uentura canendo.

Hay que ser valientes contra los turcos, Cristo hace lo demás
(lo he dicho ya y repitiéndolo de nuevo lo advertiré de una
vez por todas) el Espíritu Santo proporcionará los recursos,
superará las mortales empresas, yo, principio de la lucha, voy
corriendo con Cristo al combate, por Cristo vendrá la feliz
victoria a los nuestros; por esto, ea, entablad batalla los pri-
meros conmigo; vamos a vencer, he aquí que Cristo está en
armas a nuestro favor.

N° 4: Arrodillado, Don Juan dirige la siguiente oración a Cristo (Austriada: I, vv. 632-640):

Da pater infandas Turcarum perdere naues,
uincamus Turcas uirtute, atque omine uero,
nomine nanque tuo pugnat Hispania sancto:
cui genua et flectunt Orcus, Barathrumque profundum,
terrarumque globus, parent cui sydera caeli.
Hoc uincat miles, quem crux tua uera per altum
deduxit fretum fuso tibi sanguine, Parthos
fundat nostra manus, Turcas Hispania uictrix
arma, uiros, rapiatque duces, referatque triumphum.

Padre, concédenos destruir las nefastas naves de los turcos, que los venzamos con nuestro valor y con presagio cierto, pues España lucha en tu santo nombre, ante el que se inclinan el Orco, el infierno profundo y el orbe de la tierra, a quien obedecen las estrellas del cielo. Con él venza el soldado que, confiando en ti por tu sangre derramada, fue conducido en el ancho mar por tu cruz verdadera; que nuestra armada destruya a los partos, que España vencedora arrebate a los turcos armas, soldados, generales y celebre el triunfo.

Nº 5: Muerte del general turco Alí Bajá (Austriada: II, vv. 431-443:

Iam Bassam truncus summas uolitare per
undas,
atque caput magnum praefixum cuspide
acuta,
praelongo in pilo, magno clamore uidentum,
terribilis oculos, nequeas aduersa tueri
ora uiri tristi, nigroque fluentia tabo:
semiferi facies terret, prolixaque barba,
turgentis uultus (ut uiuens, fronte minari
uisus, nam Turcis ostendit cautius ipsis
duc quidam, uictor uoluit uectare trophaeum
ductricem nauem, pelago quo terreat hostes:
de more ut faciunt uictores classis ouantes.
Qui gladio pugnans fatis concessit honestis,
nec potuit patriam, Turcamque uidere su-
perbum.

Ya el tronco de Alí Bajá flotaba sobre las aguas y su enorme
cabeza estaba clavada en la aguda punta de una larga pica
con gran alegría de todos los que la contemplaban; era im-
posible ver los feroces ojos y el rostro enemigo del guerrero
manando repugnante y negra sangre corrompida: espanta su
semblante monstruoso y abundante barba; parecía amena-
zar con la frente de su cara, hinchada como en vida; pues él,
general, se mostró a los mismos turcos en especial prudente;
quiso transportar victorioso como trofeo la nave capitana
para aterrar al enemigo en el mar; como suelen hacer los
vencedores de una escuadra cuando reciben los honores del

triunfo. Combatiendo con su espada, cedió a un hermoso destino y no pudo ver a su patria ni al Soberbio Turco.

Nº 6: El Espíritu Santo anuncia al Papa la victoria de Lepanto (Austriada: II, vv. 770-775):

Sancte, quod optaras, uidit longaeua se-
nectus:
ecce tibi ad uotum uenit uictoria laeta:
Austriades uicit, stant tutae in littore puppes,
uoluitur in fluctu Bassan sine nomine corpus,
rectores, capta est classis, geminique nepotes,
machina, tot colubri, catiua et signa Tyranni.
Auditis princeps Ecclesae his uocibus almus
direxit mentem, quo semper cuncta solebat..

Santo Padre, tu avanzada edad ha visto cumplidos tus de-
seos: he aquí que, según tu ruego, ha llegado la alegre victo-
ria, el Austriada ha vencido, ancladas están las naves en se-
gura playa, el cuerpo de Alí Bajá sin nombre da vueltas sobre
las aguas, los capitanes, la armada, los dos hijos de Alí, las
armas, gran cantidad de cañones, los estandartes del Tirano,
todo ha sido capturado.

Nº 7: La noticia llega a Granada (Austriada: II, vv. 1030-1036):

Res gestas Garnata ducis per compita narrat,
perque domos ciuis gaudens, et templa sacerdos,
uictorem laudant pueri, castaeque puellae,
gaudentes cernas totaque ex urbe canentes
uersibus armatas acies, classesque uiriles,
proelia uicta uiri totum uulganda per orbem
Austriadae ductu.

Granada difunde por sus calles las hazañas del general, con gozo los ciudadanos las refieren en sus casas y los sacerdotes en los templos; los jóvenes y las castas doncellas alaban al vencedor y se les veía cantar alegres por toda la ciudad la formación de las tropas, los navíos cargados de valientes guerreros, los victoriosos combates bajo el mando del Austriada, dignos de divulgarse por todo el mundo.

Textos clásicos sobre Juan Latino

La dama boba. Lope de Vega

Octavio   No era tan blanco en Granada
Juan Latino, que la hija
de un Veinticuatro enseñaba;
y siendo negro y esclavo,
porque fue su madre esclava
del claro Duque de Sessa,
honor de España y de Italia,
se vino a casar con ella;
que gramática estudiaba,
y la enseñó a conjugar
en llegando al amo, amas;
que así llama el matrimonio
el latín.

Nise   De eso me guarda
ser tu hija.

Juan Latino. Jimenez de Enciso

Hijo de esclavo soy, nací en Baena,
Donde las letras aprendí primero;
Crecí siguiendo el centro verdadero
Premio que a la virtud el cielo ordena.
No me ha estorbado mi amorosa pena,
    Que sea de Granada Racionero,
    Orfeo, Marte, Cicerón, Homero,
    En voz, en armas, en Latín, en vena.
    Catedrático fui, Griego excelente,
    Y en fin varón insigne, pues que llego
    A ser deste lugar Colector digno.
    Y como le llamó por eminente
    La antigua Roma a su Adriano, el
Griego,
    La noble España, me llamó el Latino.

Rodríguez de Ardilla, poeta granadino, 1645

Negra la pez para el vino
Y en las naves para brea...
Negra es el águila fuerte
De todas las aves reina;
  Tres negros ha de tener
Toda extremada belleza:
Negros ojos y pestañas,
Negras y un arco las cejas

Moreno fue Juan Latino
Gloria del duque de Sesa,
Maestro de tantos buenos,
Honra de tantas escuelas.

Juan de Arjona, poeta granadino, finales del siglo XVI

Nuevo Apolo granadino
pluma heroica, soberana,
  Alma de Estacio latino
  Que con su voz soberana
  Haces su canto divino.

Miguel de Cervantes en el poema previo de «cabo roto», Don Quijote de la Mancha

Pues el cielo no le plu-
Que salieses tan ladi-
Como el negro Juan Lati-,
Hablar latines rehu-.

Libros a la carta

A la carta es un servicio especializado para
empresas,
librerías,
bibliotecas,
editoriales
y centros de enseñanza;
y permite confeccionar libros que, por su formato y concepción, sirven a los propósitos más específicos de estas instituciones.

Las empresas nos encargan ediciones personalizadas para marketing editorial o para regalos institucionales. Y los interesados solicitan, a título personal, ediciones antiguas, o no disponibles en el mercado; y las acompañan con notas y comentarios críticos.

Las ediciones tienen como apoyo un libro de estilo con todo tipo de referencias sobre los criterios de tratamiento tipográfico aplicados a nuestros libros que puede ser consultado en Linkgua-ediciones.com.

Linkgua edita por encargo diferentes versiones de una misma obra con distintos tratamientos ortotipográficos (actualizaciones de carácter divulgativo de un clásico, o versiones estrictamente fieles a la edición original de referencia).

Este servicio de ediciones a la carta le permitirá, si usted se dedica a la enseñanza, tener una forma de hacer pública su interpretación de un texto y, sobre una versión digitalizada «base», usted podrá introducir interpretaciones del texto fuente. Es un tópico que los profesores denuncien en clase los desmanes de una edición, o vayan comentando errores de interpretación de un texto y esta es una solución útil a esa necesidad del mundo académico.

Asimismo publicamos de manera sistemática, en un mismo catálogo, tesis doctorales y actas de congresos académicos, que son distribuidas a través de nuestra Web.

El servicio de «libros a la carta» funciona de dos formas.

1. Tenemos un fondo de libros digitalizados que usted puede personalizar en tiradas de al menos cinco ejemplares. Estas personalizaciones pueden ser de todo tipo: añadir notas de clase para uso de un grupo de estudiantes, introducir logos corporativos para uso con fines de marketing empresarial, etc. etc.

2. Buscamos libros descatalogados de otras editoriales y los reeditamos en tiradas cortas a petición de un cliente.

www.ingramcontent.com/pod-product-compliance
Lightning Source LLC
Chambersburg PA
CBHW020446030426
42337CB00014B/1420